EXTRA
wissen

UNSERE WELT

Fiona Waters
Robin Edmonds

Ravensburger Buchverlag

Heimatplanet Erde

Die Erde ist einer von neun Planeten, die um die Sonne kreisen. Zusammen bilden sie das Sonnensystem. Unser nächster Planet ist die Venus – doch auch sie ist noch 40 Millionen Kilometer entfernt!

Uns erscheint die Erde zwar riesengroß, doch im Vergleich zu einigen anderen Planeten ist sie nur eine kleine Kugel, die aber mit über 107 000 Stundenkilometern durchs All rast.

Sonne
1 2 3 4   5   6   7   8 9

1 Merkur	4 Mars	7 Uranus
2 Venus	5 Jupiter	8 Neptun
3 Erde	6 Saturn	9 Pluto

Schnappschüsse
Auf Bildern aus dem Weltraum sieht die Erde wie eine wunderschöne blaue Kugel aus inmitten der Dunkelheit des Alls, die nur von rötlichem Sonnenlicht und schwach funkelnden Sternen unterbrochen wird.

Dieses Foto von der Erde machten die Astronauten der Apollo-Mission auf ihrem Rückflug vom Mond.

Die große kleine Erde
Die Strecke zwischen Nord- und Südpol misst 12 714 Kilometer. Der Durchmesser der Erde am Äquator beträgt 12 758 Kilometer.

Flache Welt?
Früher glaubten die Menschen, die Erde sei flach. Für die Hindus war sie eine Scheibe, von vier Elefanten getragen, die auf dem Rücken einer Schildkröte standen!

Riesen-Kraftwerk
Die Sonne versorgt die Erde seit ihrer Entstehung mit Licht und Wärme – und wird dies auch noch die nächsten fünf Milliarden Jahre tun!

Aufbau der Erde

Die Erde ist aus vier Schichten aufgebaut – der Kruste, dem Mantel sowie dem inneren und äußeren Kern.

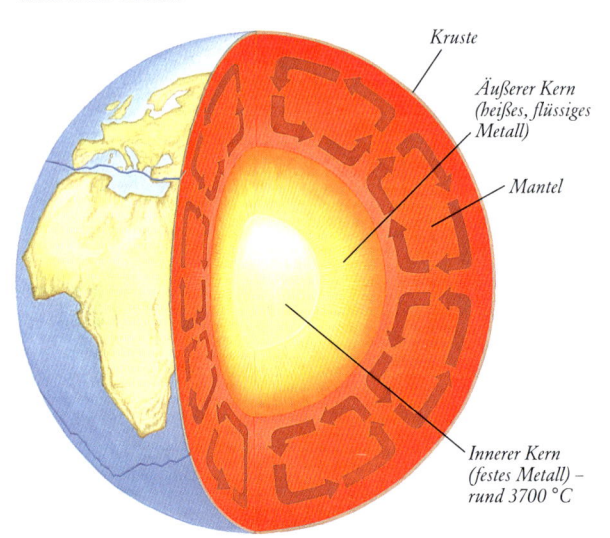

Kruste

Äußerer Kern (heißes, flüssiges Metall)

Mantel

Innerer Kern (festes Metall) – rund 3700 °C

Überall Wasser!
Über zwei Drittel der Erdoberfläche sind von Wasser bedeckt. Das Satellitenbild zeigt eine Aufnahme des Pazifischen Ozeans, der fast die ganze Erde zu bedecken scheint.

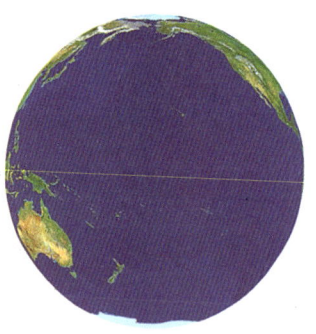

Kaum zu glauben …
Die gesamte Festlandfläche hätte im Pazifischen Ozean Platz!

Immer in Bewegung

Die größten Wassermassen befinden sich in den Meeren. Der Rest verteilt sich auf Flüsse und Seen, das Grundwasser (im Boden versickertes Regenwasser) sowie die Feuchtigkeit in der Atmosphäre (der Lufthülle um die Erde).

Der Wasserkreislauf

Hierbei handelt es sich nicht um ein riesiges Wasserrad, sondern um den ständigen Weg des Wassers vom Himmel zum Boden und wieder in den Himmel ... Und so funktioniert der Kreislauf:

3. Wasser bildet Tropfen und schließlich Wolken.

4. Große Tropfen fallen als Regen zur Erde.

2. Erwärmtes Wasser verdunstet und steigt in Form von Wasserdampf auf.

1. Die Sonne erwärmt Meere, Seen, Flüsse und Land.

5. Regen fällt zur Erde zurück und der Kreislauf beginnt von Neuem.

Lebenswichtige Atmosphäre

Die Atmosphäre der Erde ist völlig anders als die anderer Planeten. Viele der in ihr enthaltenen Gase stammen aus Vulkanen. Stickstoff macht 78 Prozent aus, daneben besteht sie größtenteils aus Sauerstoff. In winzigen Mengen kommen auch Argon und Neon vor.

Trocken und dunkel

Der Mond ist kein Planet, sondern ein natürlicher Satellit der Erde. Er hat weder Atmosphäre noch Wetter – der Himmel ist immer dunkel. Sicherlich kein begehrenswertes Urlaubsziel!

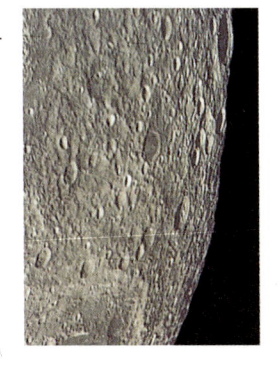

Alles aus Stein

Die Erdoberfläche besteht aus drei Hauptgesteinsarten.

Erstarrungsgesteine – die ersten Gesteine überhaupt, die bei der Abkühlung der Erdoberfläche entstanden sind.

Sedimentgesteine – diese Gesteine bestehen aus kleinen Stücken verwitterter Gesteine, die sich am Boden von Flüssen und Meeren angesammelt und zu neuem Gestein verdichtet haben.

Metamorphe Gesteine – Erstarrungs- oder Sedimentgesteine, deren Gefüge von sehr hohem Druck oder durch Hitze verändert wurde.

Steinhart
Das am häufigsten vorkommende Erstarrungsgestein ist Granit. Es wird oft zum Hausbau verwendet, da es sehr widerstandsfähig ist.

Sichel aus Feuerstein

Feuersteine
Feuersteine findet man in einem bestimmten Sedimentgestein, dem Kalkstein. Früher stellten die Menschen aus Feuersteinen Werkzeuge und Waffen her.

Marmor
Marmor ist ein metamorphes Gestein. Richtig bearbeitet ist es besonders schön und wird daher zur Dekoration und für die Bildhauerei verwendet.

Detail einer Marmor-Einlegearbeit am Tadsch Mahal

Tadsch Mahal

Mineralienzauber

Alle Gesteine sind aus winzigen Körnchen, den so genannten Mineralen, aufgebaut. Die Minerale, zum Beispiel von Granit, wirken durch ein Mikroskop betrachtet besonders eindrucksvoll!

Kristallklar

Viele Minerale bilden regelmäßige Formen, Kristalle genannt. Früher dachten die Menschen, Kristalle wären Eis. Natürliche Kristalle sind sehr schön und werden zu Schmuck verarbeitet, wie Diamanten, Rubine oder Smaragde.

Diese Kristalle sind in heißen, wässrigen Lösungen im Erdinnern entstanden.

Aquamarin   *Morganit*   *Grüner Heliodor*   *Gelber Heliodor*   *Geschliffener Heliodor*   *Geschliffener Aquamarin*

Fossilien

Fossilien sind Reste von Tieren und Pflanzen, die sich im Lauf der Zeit in Stein verwandelt haben.

Dieses Krebsfossil ist etwa 80 Millionen Jahre alt!

Die Kontinentaldrift

Kontinente sind gewaltige Landmassen, die zusammen mit vielen Inseln die Festlandfläche der Erde bilden. Würde man die Kontinente aus einem Atlas ausschneiden, käme man zu einer überraschenden Entdeckung: Sie passen fast wie Puzzleteile ineinander!

Zusammengefügt
Forscher fanden heraus, dass vor 250 Millionen Jahren die Kontinente vermutlich eine einzige, riesige Landmasse bildeten. Diese Landmasse nannten sie Pangäa.

Riesiger Kontinent
Der größte Kontinent ist Asien mit einer Fläche von 44 485 900 Quadratkilometer. Man könnte sowohl Europa als auch Afrika in Asien unterbringen – und es wäre noch Platz für einige Inseln übrig!

Anschluss verpasst

Weinbergschnecken sind sowohl in Europa als auch in Amerika zu finden. Da es jedoch unmöglich ist, dass sie das Meer zwischen den beiden Kontinenten durchschwommen haben, müssen ihre Vorfahren wohl in verschiedenen Gegenden herumgekrochen sein, bevor die Landmasse auseinander brach.

Weinbergschnecken

Kaum zu glauben …

Die Kontinente sind immer noch in Bewegung – sie bewegen sich zwar nur wenige Zentimeter pro Jahr, aber genug, um es messen zu können!
Jedes Jahr driften Europa und Amerika etwa 4 Zentimeter auseinander und der Afrikanische Grabenbruch wird 1 Millimeter breiter.

Die Erde bebt

Erdbeben entstehen durch die Bewegung der riesigen Platten, aus denen sich die Erdkruste zusammensetzt. Dort wo die Platten aneinanderstoßen, treten die meisten schweren Beben auf. Auch wenn sich Platten verkanten und dann wieder losreißen, bebt die Erde.

Die Richter-Skala
Die Richter-Skala wird herangezogen, um die Energie zu messen, die ein Erdbeben freisetzt. Spezielle Instrumente zeichnen jährlich rund 500 000 Erdbeben auf. Die meisten sind so schwach, dass sie mit der Richter-Skala kaum gemessen werden können; nur etwa 1000 pro Jahr erreichen gefährliche Stärken.

Die Mercalli-Skala
Die Mercalli-Skala ist in 12 Grade unterteilt und beschreibt ein Erdbeben nach seinen Auswirkungen. Zum Beispiel: 3 = von der Decke hängende Glühbirnen schaukeln hin und her; 6 = spürbare Bewegungen, Bilder fallen von den Wänden; 12 = fast völlige Zerstörung.

Kaum zu glauben …
Erdbeben dauern in den meisten Fällen nicht einmal eine Minute.

Kröten und Drachen
Das erste Instrument zur Feststellung von Erdbeben wurde im Jahr 132 n. Chr. in China erfunden: Bei einem Erdbeben fallen die bronzenen Bälle aus den Drachenmäulern in die Mäuler der Kröten.

Erdbebenanzeiger von Zhang Heng

Frühwarnung
Manche Tiere scheinen zu merken, wenn ein Erdbeben bevorsteht. Hunde heulen, Ratten verlassen ihre Löcher und Pferde werden unruhig. Nur Menschen merken leider nichts!

Mondbeben
Auch der Mond kennt Beben, doch werden sie hier durch Einschläge von Meteoriten hervorgerufen.

Vulkanausbrüche

Viele Vulkane scheinen oft jahrelang erloschen zu sein, doch plötzlich brechen sie wieder aus! Dann schleudern sie Asche, Steine und Gase viele Kilometer hoch in die Atmosphäre und machen den Tag zur Nacht. Dabei werden Menschen getötet, ihre Häuser werden zerstört und die Ernte vernichtet.

Der Ätna ist einer der höchsten Berge sowie der aktivste Vulkan Europas.

Heißes Inneres

Auf einer Reise zum Mittelpunkt der Erde würde es sehr heiß werden! In 200 Kilometer Tiefe beträgt die Temperatur 1500 °C. In noch größeren Tiefen schmilzt das Gestein. Das geschmolzene Gestein, Magma genannt, gelangt durch Spalten und Gänge an die Erdoberfläche. Nach dem Austritt nennt man es Lava.

Panik bricht aus

Der Vesuv in Italien ist für seinen Ausbruch im Jahr 79 n. Chr. berühmt. Die Asche und das Vulkangestein begruben die Städte Pompeji und Herculaneum unter sich.

Als die heiße Asche auf Pompeji niederging, starben über 2000 Menschen. Das Unglück ereignete sich so schnell, dass die Menschen auf den Straßen einfach tot umfielen – erstickt unter der heißen Asche.

Kaum zu glauben …

Dieses Brot wurde vor fast 2000 Jahren gebacken! Man kann immer noch das Zeichen des Bäckers erkennen.

Ausgegraben

Die vom Vesuv emporgeschleuderte Asche begrub alle Menschen und Tiere unter sich, die nicht mehr fliehen konnten. Mit der Zeit sind deren Körper verwest, in der fest gewordenen Asche blieben nur noch ihre Hohlformen erhalten. Diese kann man mit Gips füllen und so die Körperform erhalten.

Diese Mutter versuchte, ihr Kind zu schützen.

Gewitter und Stürme

Heranziehende Gewitterwolken kündigen drohendes Unwetter an.

Blitz und Donner
Grelle Lichtblitze und laute Donnerschläge können einem richtig Angst machen – vor allem, wenn man sich im Freien befindet! Blitze schlagen häufig in hohe, allein stehende Objekte ein, daher sollte man sich nie unter einen Baum stellen!

Wie weit entfernt?
Die Zeitspanne zwischen einem Blitz und dem dazugehörenden Donner zeigt an, wie weit ein Gewitter entfernt ist: Je zwei Sekunden bedeuten einen Kilometer.

Kaum zu glauben …
Roy Sullivan, Wächter in einem amerikanischen Nationalpark, wurde innerhalb von 35 Jahren siebenmal vom Blitz getroffen! Was hat er nur falsch gemacht?

Namensvielfalt

Hurrikane und Taifune bedeuten dasselbe: tropische Wirbelstürme. Über dem Atlantik nennt man sie Hurrikane, über dem Pazifik Taifune. Beide kann man auch als Zyklone bezeichnen!
Hurrikane erreichen Windgeschwindigkeiten bis zu 360 Stundenkilometer. Sie verursachen oft völlige Verwüstungen.

Das „Auge"

Die meisten Hurrikane entwickeln sich über dem Meer (rechts). Im Zentrum des Wirbelsturms kann man deutlich das so genannte „Auge" – einen Bereich völliger Windstille – erkennen.

Ein Hurrikan namens …

Seit 1954 werden Hurrikane mit Namen bezeichnet. Bis in die 70er Jahre hat man nur weibliche Namen verwendet, heutzutage nimmt man jedoch abwechselnd weibliche und männliche Namen.

Tosende Tornados

Tornados sind rüsselartig aussehende Wirbelwinde, die von den Wolken bis zur Erde reichen. Sie ziehen sehr schnell über das Land und hinterlassen eine Schneise der Verwüstung. Ein Tornado kann Gegenstände hunderte von Metern mit sich tragen!

Die Weltmeere

Über zwei Drittel der Erdoberfläche sind von Wasser bedeckt. Den größten Teil nehmen die drei Weltmeere ein – der Pazifische, der Atlantische und der Indische Ozean.

Sandkörner
Wellen, die auf die Meeresküste treffen, können einen Druck von 25 Tonnen pro Quadratmeter ausüben. Ein fest auftretender Menschenfuß ist 30-mal schwächer! Die beständige Druckeinwirkung der Wellen macht aus großen Steinen feinen Sand.

Wellen
Es wurden Wellen beobachtet, die sich mit rund 900 Stundenkilometer fortbewegten. Das ist viel schneller als der Geschwindigkeitsrekord von 556 Stundenkilometern, den ein Wasserflugzeug aufstellte.

Die höchste Welle wird auf rund 85 Meter geschätzt – das ist fast so hoch wie die Freiheitsstatue in New York!

Berge auf dem Meeresboden
Unterwasserlandschaften sehen den Landschaften an Land ähnlich! Auch hier gibt es Berge, Täler, Hügel und Ebenen. Der höchste Berg am Meeresboden ist 8705 Meter hoch. Zum Vergleich: der Mount Everest, der höchste Berg des Festlandes, hat eine Höhe von 8848 Meter.

Reichtum aus dem Meer

Alljährlich werden 70 Millionen Tonnen Fische, Krebse, Garnelen, Muscheln, Hummer, Tintenfische und andere Meerestiere gefangen. Außerdem sind die Meere reich an anderen wichtigen Gütern wie Salz, Schwämmen und Perlen. Im Meeresboden sind auch Diamanten, Kohle, Erdöl und Erdgas zu finden – nicht zu vergessen Sand und Schotter!

Kaum zu glauben …

- Im Meerwasser ist mehr Gold gelöst als man an Land finden kann!
- Die in allen Meeren der Erde enthaltene Menge an Salz könnte den ganzen europäischen Kontinent mit einer 5 Kilometer dicken Kruste bedecken!

Mitten im Meer

Manche Inseln sind so groß, dass man sie gar nicht als Insel empfindet. Grönland, die größte Insel der Welt, hat eine Fläche von 2 175 219 Quadratkilometern. Daneben ist Großbritannien geradezu klein mit seinen 218 065 Quadratkilometern!

Weit weg
Die abgelegenste Insel der Welt ist die Bouvetinsel. Sie ist rund 1700 Kilometer vom nächsten Nachbarn, dem Königin-Maud-Land an der Küste der Antarktis, entfernt.

Bei Flut eine Insel
Jedes Mal, wenn bei Flut das Wasser steigt, werden manche Küstenabschnitte vom Festland getrennt und bilden für kurze Zeit eine Insel – so auch Mont-Saint-Michel in Frankreich.

Mont-Saint-Michel ist nur bei Flut eine Insel.

Vulkanische Inseln
Einige Hawaii-Inseln sind in Wirklichkeit nur die Spitzen von Vulkanen. Als am Vulkan Kilauea in den 1980er Jahren Lava austrat, floss sie in Richtung Meer und bildete neues Land.

Wie bei Eisbergen befindet sich auch bei vulkanischen Inseln die größere Masse unterhalb der Wasseroberfläche. Der Kilauea ist genau betrachtet mit ungefähr 10 000 Metern der höchste Berg der Erde (vom Meeresboden bis zum Gipfel).

Viele tausend Inseln
Japan besteht aus einer Kette von mehr als 3 900 vulkanischen Inseln – aber das ist gar nichts gegen Indonesien: Die indonesische Landfläche verteilt sich auf 17 000 Inseln, die sich über drei Zeitzonen erstrecken!

Süsswasser

Der größte Teil des Süßwassers der Erde ist zu Eis gefroren oder in Gesteinen gefangen. Nur weniger als ein Prozent befindet sich in Flüssen und Seen!

Auf dieser Karte sind in Blau die größten Seen und Flüsse der Erde eingezeichnet. Der größte See, das Kaspische Meer, ist fast so groß wie Japan, und der längste Fluss, der Nil, könnte von Berlin bis New York fließen!

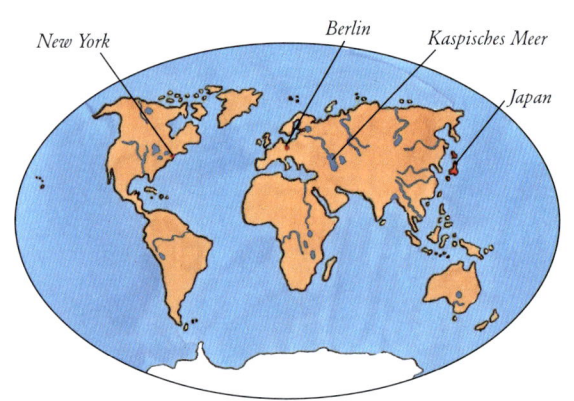

New York *Berlin* *Kaspisches Meer* *Japan*

Am tiefsten
Der tiefste See der Welt ist der Baikalsee in Sibirien. In seinen 1 620 Metern könnte man fünf Eiffeltürme aufeinander stellen!

Am längsten
Der längste Fluss der Welt ist der Nil in Afrika – mit 6 695 Kilometern von der Quelle bis zur Mündung!

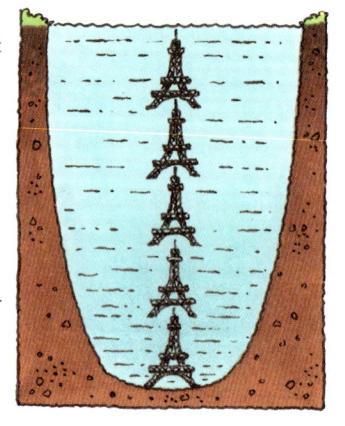

Wassermassen

In jeder Sekunde fließen rund 180 000 Kubikmeter Wasser vom Amazonas in den Atlantischen Ozean. In nur einer Sekunde wäre der gewaltige Kölner Dom bis unters Dach mit Wasser angefüllt.

Flüsse ohne Wasser?

Manche Flüsse führen oft überhaupt kein Wasser!

Der Todd River in Mittelaustralien sieht meist so aus:

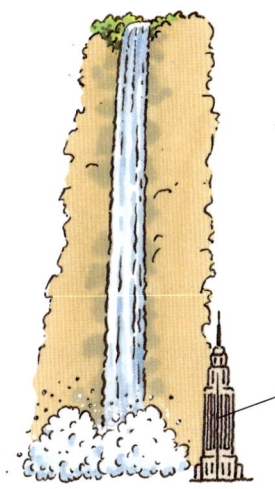

Am höchsten

Der höchste Wasserfall der Welt befindet sich in Venezuela. Die Fallhöhe der Angelfälle ist mit 979 Meter fast dreimal so hoch wie das Empire State Building! Die Fälle sind nach dem amerikanischen Piloten Jimmy Angel benannt, der sie 1935 entdeckte..

Empire State Building

Hohe Berge

Die größten Gebirgsketten der Erde entstehen dann, wenn zwei Krustenplatten zusammenstoßen und sich die Kruste emporfaltet. Viele Gebirge wachsen immer noch, aber die älteren werden langsam abgetragen!

Jung und alt
Die „jungen" Gebirge, wie der Himalaja, die Alpen und das Atlasgebirge, sind erst in den letzten 50 Millionen Jahren entstanden. „Mittelalte" Gebirge, wie der Ural (vor 200 Millionen Jahren entstanden), werden immer niedriger, da sie langsam abgetragen werden. Die wirklich „alten" Gebirge sind bereits so weit abgetragen, dass nur noch einige Hügel übrig sind.

Kaum zu glauben …

Die zehn höchsten Berge der Welt befinden sich alle im Himalaja.

Veränderungen
Vulkanberge können ihr Aussehen in kürzester Zeit völlig verändern. Der Mount St. Helens in den USA hat lange Zeit so ausgesehen (rechts).

Nach seinem Ausbruch 1980 sieht er nun so aus (links)!

Bergsteiger
Edmund Hillary und der Sherpa Tensing Norgay waren 1953 die ersten Menschen, die den Mount Everest bezwangen – den mit 8 848 Metern höchsten Berg der Welt!

Je höher desto kälter
Die Tier- und Pflanzenwelt eines Berges verändert sich, je näher man dem Gipfel kommt. Ganz oben ist es so kalt, dass es kein Leben mehr gibt. Auch Bergsteiger benötigen hier eine spezielle Ausrüstung.

Lawinengefahr!
Wenn sich Schnee und Eis ansammeln und den Berghang hinabstürzen, entsteht eine Lawine. Solche Lawinen können sehr gefährlich werden, denn sie reißen alles mit, was ihnen im Weg ist – selbst ganze Dörfer wurden schon zerstört.

Frisch gefallener Neuschnee enthält noch so viel Luft, dass Menschen, die unter eine Lawine geraten sind, manchmal noch atmen können. Mit speziell ausgebildeten Hunden wird nach den verschütteten Lawinenopfern gesucht.

Erdbeben und Erdstöße können oft gefährliche Lawinen auslösen.

KRAFTVOLLES WASSER

Das Wasser hat weltweit (in flüssiger oder gefrorener Form) die Landschaftsformen geschaffen.

Gletscher
Gletscher sind mächtige Eismassen, die hoch oben im Gebirge ihren Anfang nehmen und sich täglich etwa 2 Meter talwärts bewegen. Bei einem langsamen Gletscher kann es tausende von Jahren dauern, bis das Eis im Tal ankommt.

Der Gletschermann
In einem abgelegenen Alpengebiet fanden 1991 zwei Bergsteiger im Gletscher den gefrorenen Körper eines Mannes. Mithilfe der Radiocarbonmethode haben Wissenschaftler herausgefunden, dass der als „Ötzi" bekannt gewordene Mann zwischen 3350 und 3300 v. Chr. gestorben ist – und somit die älteste Mumie der Welt wäre!

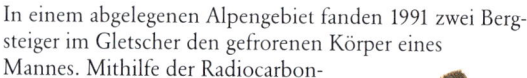

Der Gletschermann „Ötzi"

Fjorde
Ein Fjord ist ein Tal, das von einem Gletscher ausgehobelt wurde und sich später mit Wasser füllte. Der längste Fjord der Welt ist der Nordvest Fjord in Grönland, der 313 Kilometer weit ins Land hinein reicht.

Der Größte

Ein Canyon ist eine tiefe, in das Gestein eingeschnittene Schlucht. Der Grand Canyon in den USA ist der größte der Welt – er ist 349 Kilometer lang und 1676 Meter tief!

Kaum zu glauben …

Der größte Stalagmit der Welt ist 32 Meter hoch. Der längste Stalaktit der Welt hat eine Länge von 6,20 Meter!

Stalagmiten und Stalaktiten

Kalksteinhöhlen haben sich im Lauf von mehreren hundert Jahren im Gestein gebildet. Stalagmiten (nach oben wachsend) und Stalaktiten (nach unten wachsend) entstehen, wenn kalkhaltiges Wasser von der Höhlendecke tropft und den Kalk ablagert.

„Und nun zum Wetter …"

Die Menschen versuchten schon immer, das Wetter vorherzusagen – mehr oder weniger erfolgreich. Heute funken Wettersatelliten die neuesten Wetterdaten zur Erde.

Wetterregeln
Die Menschen sagten das Wetter der nächsten Tage anhand von Naturerscheinungen voraus. Aber das Wetter hat sich nicht immer an diese Regeln gehalten – obwohl mancher Blick auf die Natur gewisse Hinweise geben kann! Kiefernzapfen zum Beispiel öffnen sich bei Trockenheit und schließen sich bei Nässe, und an die Tür gehängter Seetang wird bei trockenem Wetter hart und weicht wieder auf, wenn Regen im Anzug ist.

„Roter Himmel am Morgen – Schäfers Sorgen"

„Roter Himmel bei Nacht – der Schäfer lacht"

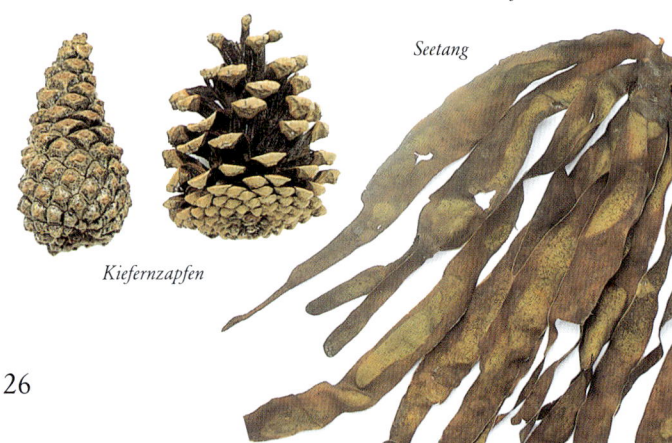

Seetang

Kiefernzapfen

Tiefdruck

Rund um die Uhr beobachten hoch entwickelte Geräte das Wettergeschehen. Satelliten, Ballone, Wetterschiffe und Wetterstationen sammeln Wetterdaten. Diese werden dann von leistungsfähigen Computern für Vorhersagen verarbeitet.

Geostationärer Satellit

Wetterballon mit Radiosonde

Wetterflugzeug

Weltklima

Als Klima bezeichnet man alle Wettererscheinungen eines Gebietes über einen langen Zeitraum hinweg.

- Am Äquator liegt die Temperatur jeden Tag bei etwa 25–30 °C.
- Am Südpol beträgt die Durchschnittstemperatur etwa –50 °C (in einer Tiefkühltruhe hat es etwa –20 °C).
- In der Atacama-Wüste in Chile fällt jedes Jahr nur etwa 0,51 Millimeter Regen.

Wettererscheinungen

Hier sind einige Informationen über das Wetter, die man kennen sollte.

Wolkenformen
Wolken gibt es in vielen Formen, Größen und Farben. Der Engländer Luke Howard entwickelte 1803 ein System, mit dem er sie einteilen konnte. Es war so einfach, dass es bis heute niemand verbessern konnte. Er wies drei Grundtypen aus, auf denen alle anderen Wolkenbilder beruhen:

Bauschige Cumulus-Wolken

Federartige Cirrus-Wolken

Geschichtete Stratus-Wolken

Welche Nässe
Der feuchteste Ort der Welt ist ein Berg in Hawaii. Jedes Jahr fallen hier über 11 Meter Regen!

Wetterhähne
Wetterhähne gehören wohl zu den ältesten Instrumenten für Wetterbeobachtungen. Sie drehen sich im Wind und zeigen an, woher er bläst.

Wetterhahn

28

Kaum zu glauben …

Alle Schneeflocken sind sechsstrahlig, aber unter einem Mikroskop sieht jede anders aus.

Alpine Blumen
Manche Blumen können im Gebirge auch oberhalb der Schneegrenze gedeihen. Sie erblühen, sobald der Schnee schmilzt.

Regenbogen
Die Farben eines Regenbogens sind immer gleich angeordnet: rot, orange, gelb, grün, blau, indigoblau und violett.

Welt der Bäume

Es gibt viele Gebiete in unserer Welt, wo kein Baum wachsen kann. Bäume benötigen wenigstens 20 Zentimeter Regen pro Jahr und eine Temperatur von mindestens 10 °C im Sommer.

Baumrekorde

Am höchsten
Der höchste lebende Baum ist so hoch wie eine Apollo-Rakete – 111,25 Meter.

Am ältesten
Eine Grannen-Kiefer in Nevada/USA ist schätzungsweise 6 000 Jahre alt.

Am dicksten
Der Umfang eines kalifornische Küsten-Mammutbaumstamms kann bis zu 7,60 Meter betragen!

Schwer
Ein Kubikmeter trockenen Ebenholzes wiegt 1030 Kilogramm. Dasselbe Volumen des Holzes vom Balsabaum wiegt nur 160 Kilogramm.

Extra lang
Nicht nur Bäume können riesig sein! Trompetenbäume haben 30 Zentimeter lange Blätter! Die Zapfen von Zucker-Kiefern können bis zu 65 Zentimeter groß werden – wobei ein einziger Zapfen bis zu 500 Gramm wiegt!

Küsten-Mammutbaum

Komisch!

Sumpfzypressen sehen wirklich sehr außergewöhnlich aus. Ihre knorrigen Wurzeln wachsen über dem Boden, so können sie gut Sauerstoff aufnehmen und die Bäume gedeihen besser.

Die Sumpfzypresse wächst in Altwasserarmen im Süden der USA. Sie ist ein sommergrüner Nadelbaum.

Kraftvoll

Bäume können erstaunlich stark sein. Mit ihren Wurzeln können sie sogar Mauern sprengen!

Dieser Baum in Kambodscha bringt allmählich die Mauern eines Tempels zum Bersten, auf dem er gewachsen ist.

Aussergewöhnliche Pflanzen

Es gibt einige sehr außergewöhnliche Pflanzen. Manchen sollte man nicht zu nahe kommen!

Tödliche Falle
Manche Pflanzen sind Fleischfresser. Sie ernähren sich von Insekten und anderen Kleintieren. Die Venusfliegenfalle klappt zu, wenn ein Insekt sie berührt, und verdaut es.

Eine nichts ahnende Libelle lässt sich auf der Venusfliegenfalle nieder.

Die Falle hat sich geschlossen und die Pflanze beginnt mit der Verdauung.

Querschnitt durch eine Kannenpflanze

Gefahr!
Die Kannenpflanze arbeitet nach einem anderen System. Insekten werden durch die helle Farbe und den süßen Nektargeruch angelockt. Sie rutschen über den glatten Rand ins Innere der Blüte und ertrinken in der Flüssigkeit am Blütenboden.

Was für ein Gestank!

Eine andere nicht alltägliche Pflanze ist die Rafflesie, auch Riesenblume genannt. Ihre Blüte erreicht einen Durchmesser von 1 Meter und wird 7 Kilogramm schwer. Damit hat sie die größte und zugleich die am übelsten riechende Blüte der Welt – sie hat durchdringenden Aasgeruch.

Lass die Finger davon!

Vorsicht vor der Kastorbohne! Ihr Gift ist so stark, dass eine einzige Bohne einen erwachsenen Menschen umbringen kann!

Pflanzenrekorde

Bambus kann an einem Tag bis zu 90 Zentimeter wachsen. Der pazifische Birntang hat bis zu 120 Meter lange Wedel – sie sind länger als die Freiheitsstatue hoch ist!

- Die Blätter südamerikanischer Wasserlilien haben einen Durchmesser von über 2 Meter!

- Der höchste Kaktus der Welt ist der Saguaro-Kaktus. Eine 250 Jahre alte Pflanze kann 20 Meter hoch und 6 Tonnen schwer sein!

- Lotussamen können auch nach über 200 Jahren noch keimen! Hast du noch Samen von 1798?

WELTERNÄHRUNG

Unsere Lebensmittel kommen heute aus den verschiedensten Teilen der Welt. Vermutlich setzte Sir Walter Raleigh diese Entwicklung in Gang, als er in der Neuen Welt die Kartoffel entdeckte und sie nach Europa brachte.

Grundnahrungsmittel Reis
Reis wird seit 7000 Jahren angebaut. Heute ist er für mehr als die Hälfte aller Menschen ein Grundnahrungsmittel.

Das tägliche Brot
Brot wurde schon vor über 10 000 Jahren gebacken. Heute sind die Felder, auf denen Getreide angebaut wird, in manchen Gegenden viele Quadratkilometer groß.

Fleisch
Rinder liefern Fleisch und Milch. Es gibt sie überall auf der Welt, vor allem in Indien: Hier leben fast 300 Millionen Rinder!

Schafe werden wegen ihrer Wolle und des Fleischs gezüchtet. In den riesigen australischen Schaffarmen weiden Herden mit 10 000 Tieren auf bis zu 400 Quadratkilometer großen Flächen. Die Schäfer dort brauchen Motorräder!

Merinoschafe zählen zu den wichtigsten Wolllieferanten der Welt.

Welche Mengen!

- In einem Jahr verzehrt die Menschheit 57 525 248 Tonnen Tomaten, 34 418 560 Tonnen Kohl und 40 597 200 Tonnen Bananen!
- In Deutschland werden jedes Jahr über 18 Milliarden Eier verspeist.
- Viele Inder essen kein Fleisch, da nach hinduistischem Glauben alle Lebewesen heilig sind.

Erstaunlich!

- Die größte, jemals geertete Gurke brachte 9,10 Kilogramm auf die Waage – damit hätte man 1 137 Sandwiches belegen können!

- Könnte man alle in einem Jahr geernteten Trauben aufeinander häufen, würden sie die New Yorker Insel Manhattan unter einem 124 Meter hohen Berg begraben!
- Im alten China galten Litschis, pflaumenähnliche Früchte, für so wertvoll, dass Steuereintreiber sie sogar als Zahlungsmittel nahmen!

Welche Hitze

Rund 12 % der Festlandfläche der Erde sind von Wüsten bedeckt und weite Teile drohen, sich in Wüsten zu verwandeln.

Größte Wüsten

Die drei größten Wüsten der Erde sind:

Sahara (Afrika)
8 600 000 Quadratkilometer

Arabische Wüste (Asien)
2 330 000 Quadratkilometer

Gobi (Asien)
1 200 000 Quadratkilometer

Die Wüste Gobi

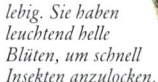

Blumenteppich

In Wüsten fällt weniger als 250 Millimeter Regen im Jahr, daher können hier nur wenige Tiere und Pflanzen überleben. Doch immer wenn es regnet, erblühen in der Wüste tausende kleiner Blumen.

Wüstenpflanzen sind sehr kurzlebig. Sie haben leuchtend helle Blüten, um schnell Insekten anzulocken.

Tödliche Hitze

Würde sich ein Mensch inmitten der Sahara am Morgen ohne Wasser, Essen und Kleidung verirren, wäre er bis zur Abenddämmerung wahrscheinlich tot.

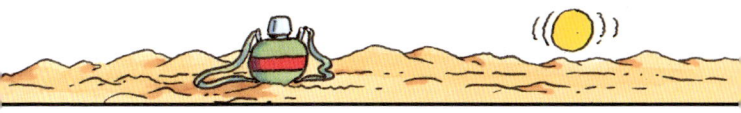

Wüstenkleidung

Die richtige Kleidung für die Wüste ist lang, weit und aus Baumwolle. Ein um den Kopf gewickeltes Tuch schützt vor Wind und Sand.

Die Wüsten wachsen

Der Mensch ist nicht schuldlos daran, dass sich die Wüsten immer weiter ausbreiten. Aber er kann dieser Entwicklung noch entgegenwirken.
Fehlen Hecken und Baumbewuchs, bläst der Wind die fruchtbare Ackerkrume fort und der Boden verarmt. Das Setzen von Bäumen und anderen Wurzel schlagenden Pflanzen trägt dazu bei, dass nicht noch mehr Boden fortgeblasen wird.

Dieser Algerier trägt eine passende Kleidung, um sich vor der Wüstenhitze zu schützen.

Ein Hirsefeld am Rand einer Sanddüne im Niger

Eiseskälte

Obwohl in der Arktis und der Antarktis das Süßwasser gefroren und auch die Meeresoberfläche zugefroren ist, herrscht an beiden Polen der Erde reges Leben.

Zugefroren
Über 98 % der Antarktis sind von einer dicken Eisschicht bedeckt, die an manchen Stellen bis zu 4 Kilometer mächtig ist. Hier ragen nur noch einige Gebirgsgipfel heraus.
Das Eis ist so gewaltig, dass es Schiffe aus Holz zerquetschen kann. Spezialschiffe, so genannte Eisbrecher, halten daher die Schifffahrtswege im Winter frei.

Kaum zu glauben …
Die niedrigste jemals gemessene Temperatur zeigte das Thermometer am 21. Juli 1983 bei Wostok in der Antarktis an: Es fiel an diesem Tag auf unbeschreiblich kalte –89 °C!

Ja nicht abspecken!
Robben, Walrosse und Wale besitzen eine besonders dicke Fettschicht, die sie vor extremer Kälte schützt.

Dieses Walross wiegt ungefähr 1600 Kilogramm (1,6 Tonnen).

Fellwechsel

Der Polarfuchs trägt im Sommer ein anderes Fell als im Winter. Das Sommerfell ist braungrau und ziemlich dünn und kurz. Das Winterfell ist schneeweiß, sehr dicht und warm.

Sommerfell des Polarfuchses

Gefrierschutz

Viele Fische der Antarktis haben in ihrem Körper eine Art von Gefrierschutz-Molekülen, damit sie im eiskalten Wasser überleben.

Winterfell des Polarfuchses

Pinguinküken mit einem Elternteil

Gut gewärmt

Pinguine haben besonders wirkungsvolle Warmhaltemethoden. Die Küken stehen auf den Füßen ihrer Eltern und kuscheln sich dort in eine wärmende Bauchfalte ein – und das ungefähr zwei Monate lang!

Warme Kleidung

Lange bevor der Parka bei uns bekannt geworden ist, wurde er im hohen Norden als Schutz vor Kälte getragen. Er bestand aus Rentierhäuten, die man mit dem Fell nach innen getragen hat.

Bauweisen

Die Menschen in aller Welt wohnen in unterschiedlichsten Unterkünften – sowohl in Städten als auch auf dem Land.

Manche Menschen leben ungeheuer luxuriös, andere dagegen in bitterer Armut – oft in drangvoller Nähe dicht an dicht.

Uralte Stadt
Die Altstadt von Jericho ist schon über 10 000 Jahre alt – und zählt somit zu den ältesten Städten der Welt.

Nachbarn unerwünscht
Manche Menschen bauen ihre Häuser an schwer zugänglichen Stellen, damit sie ihre Ruhe haben. Dieser Palast wurde auf einem hohen Felsen errichtet, sein Besitzer konnte so zeigen, für wie bedeutend er sich hielt!

Sommerpalast bei Wadi Dahr, Jemen

Wände aus Papier

Traditionelle japanische Häuser bestanden aus Holz mit Schiebetüren und -fenstern aus Papier. Hier sollte man also mit Kerzen sehr vorsichtig umgehen!

Haus aus Schnee

Die Inuit (Eskimos) bauten sich während der Jagdsaison Iglus als vorübergehende Unterkünfte. Für einen Iglu werden Schneeblöcke spiralförmig übereinander gelegt und die Ritzen mit Schnee verstopft. Oben bleibt ein Belüftungsloch frei.

Hoch hinaus

In manchen Städten ist der Platz so knapp, dass nur noch in die Höhe gebaut werden kann. Das führt zu solch beeindruckenden Skylines wie in New York oder Hongkong.

Kaum zu glauben …

Beim Bau der Wolkenkratzer in New York wurden vor allem Mohawk und Irokesen beschäftigt, da diese Indianer schwindelfrei sind und keine Höhenangst kennen.

Menschen weltweit

Überall auf der Welt leben Menschen – jeder auf seine Weise und mit dem unterschiedlichsten kulturellen und gesellschaftlichen Hintergrund.

Bevölkerung
- Ein Drittel der Weltbevölkerung ist jünger als 15 Jahre.
- In jeder Sekunde werden drei Kinder geboren – das sind fast 11000 pro Stunde und über 255 000 pro Tag!

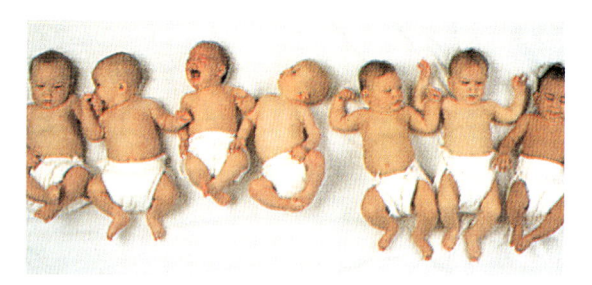

- Weltweit gibt es 20 Millionen Flüchtlinge – Menschen, die ihr Land wegen drohender Gefahr verlassen haben.

Städte
- Fast 50 % der Weltbevölkerung – also rund 2,6 Milliarden Menschen, leben in Städten.
- Die größte Stadt der Welt ist Tokio in Japan. Hier leben über 25 Millionen Menschen.

Reichtum
- Den höchsten Lebensstandard der Welt genießen die Schweizer, gefolgt von den Japanern, Dänen und Norwegern.
- Die drei reichsten Familien – Staatsoberhäupter ausgenommen – leben in den USA.

Armut
- Den niedrigsten Lebensstandard der Welt hat Guinea.
- Ein Drittel aller Kinder in den Entwicklungsländern sind untergewichtig.
- Zwei Drittel aller Familien auf der Erde haben kein fließendes Wasser.
- Fast 80 Millionen Kinder in den Entwicklungsländern besuchen keine Schule.

Tatsachen
- 1,1 Milliarden Menschen sprechen Mandarin-Chinesisch. 420 Millionen Menschen sprechen Englisch.
- Der Chicago International Airport in den USA ist der Flughafen mit dem größten Flugaufkommen – alle 40 Sekunden startet oder landet ein Flugzeug!
- Die größten Goldreserven liegen in Fort Knox, Kentucky, USA.

Fort Knox

Bräuche und Traditionen

Überall in der Welt bildet die Familie den Grundstock der Gemeinschaft. Doch von Land zu Land sind die Bräuche sehr unterschiedlich.

Religionen
Der Glauben hilft vielen Menschen, Leben und Tod besser zu verstehen. Es gibt viele tausend verschiedene Religionen mit unzähligen Anhängern. Die sechs großen Weltreligionen sind Christentum, Islam, Hinduismus, Buddhismus, die Sikhreligion und das Judentum.

Hochzeiten …
Die größte Hochzeitsfeier aller Zeiten fand am 25. August 1992 in Seoul, Südkorea, statt, als sich 60 000 Mitglieder der Mun-Sekte das Ja-Wort gaben.

Giovanni Vigliolto aus New York gilt als der Mann, der am häufigsten geheiratet hat – nämlich 104-mal zwischen 1949 und 1981. Das sind mehr als drei Bräute pro Jahr!

… und Begräbnisse
Chinesische Särge sind weiß gestrichen, um Glück zu bringen. In Tibet gilt es als gutes Omen, wenn die Hochzeitsgesellschaft einem Trauerzug begegnet.

Feste

In China wird das Drachenbootfest als Dank für Essen und Wasser abgehalten.

Der Thanksgiving Day ist in den USA ein traditionelles Familienfest mit Truthahn und Kürbis-Pie zur Feier der Ernte.

In Indien wird beim Divali die Ernte mit bunten Lichtern und Opfergaben für Lakshmi, die Hindu-Göttin des Reichtums, gefeiert.

Beim Karneval in Venedig wird noch ausgiebig gefeiert, bevor die Fastenzeit beginnt.

Traumzeit

Die australischen Ureinwohner (Aborigines) glauben, dass ihre Vorfahren die Erde und alles auf ihr erschaffen haben. Diese Vorfahren können Menschen, Tiere oder Pflanzen gewesen sein. Die Zeit der Erschaffung nennen sie „Traumzeit".

Gefährdete Umwelt

Die Menschen fügen der Erde immer stärkeren Schaden zu und drohen sie damit langsam zu zerstören.

Verschwendung natürlicher Rohstoffe

Jede Woche müssen eine halbe Million Bäume gefällt werden, um genügend Papier für die amerikanischen Sonntagszeitungen herzustellen!

Die reichsten 20 % der Weltbevölkerung verbrauchen 75 % aller Metalle, 85 % des Holzes und 60 % aller Lebensmittel – wovon das meiste irgendwann auf Müllhalden landet!

Smog

In Los Angeles werden jeden Tag 33 Millionen Liter Benzin, Diesel und Flugbenzin verbrannt, wodurch alle 24 Stunden über 12 000 Tonnen luftverunreinigende Stoffe entstehen.

Gefahr für Tiere

Unbedacht weggeworfener Müll kann wilde Tiere vergiften oder schwer verletzen.

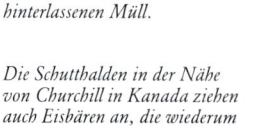

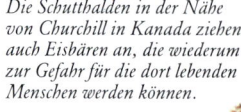

Ein Fuchs durchsucht den von Menschen hinterlassenen Müll.

Die Schutthalden in der Nähe von Churchill in Kanada ziehen auch Eisbären an, die wiederum zur Gefahr für die dort lebenden Menschen werden können.

Saurer Regen

Saurer Regen wird von zwei Gasen verursacht, die durch Fabriken und Autoabgase freigesetzt werden. Wenn sich diese Gase mit Wasser verbinden, bilden sich winzige Säuretröpfchen, die als saurer Regen niederfallen und viele Pflanzen schädigen.

Schmutzfärbung

Der Birkenspanner ist mit den Jahren immer dunkler geworden und hat so seine Tarnung der verschmutzten Umwelt angepasst.

Was kann man tun?

Jeder kann helfen Rohstoffe zu sparen. Zum Beispiel:

- Flaschen, Glas, Dosen und Papier zum Sammelcontainer bringen
- Lampen ausschalten, wenn man sie nicht braucht
- Das Auto stehen lassen und laufen, Fahrrad fahren oder den Bus nehmen.

REGISTER

Äquator 3, 27
Atmosphäre 5, 12
Bäume 30-31, 37
Berge 16, 22-23, 29, 38
Bevölkerung 42-43
Blitze 14
Erdbeben 10-11
Feste 45
Fleisch 34
Fossilien 7
Gase 5, 12, 47
Gebäude 40-41
Gesteine 6, 7, 12, 20
Gletscher 24
Hurrikane 15
Inseln 18-19
Kern 4
Kontinente 8-9
Kristalle 7
Kruste 4, 10, 22
Lawinen 23
Mantel 5
Meere 4, 5, 6, 15, 16-17, 21
Minerale 7
Mond 5, 11
Nahrung 34-35, 46
Nordpol 3, 38-39
Pflanzen 29, 32-33, 36, 47
Platten 10, 22
Satelliten 4, 5, 27
Seen 20
Sonne 2, 3
Sonnensystem 2
Südpol 3, 27, 38-39
Tornados 15
Verschmutzung 46-47
Vulkane 5, 12-13, 19, 22
Wasser 4, 5, 16-17, 18, 20-21, 24, 36, 38, 43
Wetter 26-29
Wolken 28
Wüsten 36-37

Danksagung: Museo Archeologico di Napoli; Natural History Museum, London; Science Museum, London.

Bildnachweis: (o = oben; u = unten; m = Mitte; l = links; r = rechts)
Adams Picture Library: 41; Bryan & Cherry Alexander: 38o, 46ml; Alison Anholt-White: Umschlag hinten ur, 28ur; Heather Angel/Biofotos: 31o; British Antarctic Survey: Umschlag hinten um, 7; Bruce Colman Ltd: 28mro; /Jane Burton: 46ur; /MPL Fogden: 36u; /Kim Taylor: 47u; /Norman Tomalin: 42u; Michael Copsey: 21; B Cosgrove: 28mlu; James Davis Travel Photography: Umschlag vorne ur; European Space Agency: 27mlo; Robert Harding Picture Library: 6ul, 6ur, 22ur, 25u, 37o; /GA Mather: 31u; Hutchison/Stephen Pern: 43o; The Image Bank/Steve Bronstein: 15u; /Gary Calle: 1, 25o; /Don & Liysa King: 16, 39r; Michael Salas: 45u; Frank Lane Pictury Agency/S. Jonasson: 10; /Silvestris: 47o; Magnum Photos/Steve McCurry: 37u; NASA: 2u, 5, 15o; National Centre for Atmospheric Research: 27mr; Oxford Scientific Films/Doug Allen: 39ur; /John Downer: 9ur; /Kim Westerkov: 22ul; Pictor International: 14, 44; RK Pilsbury: 26mr, 26or, 28mlo; Popperfoto: 12; Royal Botanic Gardens, Kew: 33ml; Science Photo Library: 19, 29om, 29or; /Claude Nuridsany & Marie Perennon: Umschlag vorne ol, 29ol; /ESA: Umschlag vorne m; /Keith Kent: 3; Tom van Sant/Geosphere Project, Santa Monica: 4u; Clive Streeter: 36o; Tony Stone Images/Tony Craddock: 18; /Stephen Studd: 34m; /Stuart Westmorland: 17o; Sygma: 24; Trip/Helene Rogers: 40; Zefa Pictures: 23, 30, 42o; /APL: 34ul; /Resea: 43u.
Zusätzliche Fotos: Geoff Brightling, Jane Burton, Gordon Clayton, Michael Dunning, Andreas von Einsiedel, Steve Gorton, Frank Greenaway, Nick Hall, Colin Keates, Andrew McRobb, Karl Shone, James Stevenson, Kim Taylor, Jerry Young.

Die Deutsche Bibliothek - CIP-Einheitsaufnahme

Unsere Welt / Fiona Waters; Robin Edmonds. [Übers.: Werner Horwarth]. -
Ravensburg: Ravensburger Buchverl., 1998
(Extrawissen)
Einheitssacht.: World facts <dt.>
ISBN 3-473-35811-8

4 3 2 1   01 00 99 98

© 1998 Ravensburger Buchverlag für die deutsche Ausgabe
Alle Rechte, auch die des auszugsweisen Nachdrucks,
der fotomechanischen Wiedergabe und der Übersetzung, vorbehalten
Titel der Originalausgabe: EYEWITNESS FUNFAX: World Facts
© 1997 by Henderson Publishing Ltd., England
Übersetzung: Werner Horwath
Printed in Germany
ISBN 3-473-35811-8